기초도감 나무·채소

펴낸 이 · 이행순
펴낸 곳 · (주)한국글렌도만
출판등록 · 1996년 1월 25일
주소 · 서울시 종로구 충신동 25-36
공급처 · (주)한국슈타이너
대표 · 조창호
전화 · 02)741-4621
FAX · 02)765-4584
기획총괄 · 예종화
기획주간 · 김영이
편집진행 · 조정희
교정 · 곽선하
디자인 · 이지은, 유하영, 김은연, 강대현(표지)
2007 ⓒ steiner korea

● 잘못 만들어진 책은 바꾸어 드립니다.

ISBN 89-16-03661-5
ISBN 89-16-03576-7(세트)

이 책에 실린 글과 그림 등의 저작권은 (주)한국글렌도만에 있습니다.
본사의 허락없이 이 책에 실린 내용의 일부 또는 전체를 어떤 형태로든
변조하거나 무단 복제하는 것은 법으로 금지되어 있습니다.

테마별 자연 나라, 생태 탐구 자연관찰

기초도감
나무·채소

(주)한국슈타이너

차례

나무·채소

개나리	4	찔레꽃	15
진달래	6	장미	16
매화나무	8	무궁화	18
목련	9	동백나무	20
자목련	9	살구나무	21
벚나무	10	복숭아나무	22
산수유	11	자두나무	23
수수꽃다리	12	포도나무	24
등나무	13	감나무	25
해당화	14	사과나무	26

배나무 …………………… 28	사철나무 ………………… 39	고추 ……………………… 53
대추나무 ………………… 29	측백나무 ………………… 40	오이 ……………………… 54
밤나무 …………………… 30	대나무 …………………… 41	호박 ……………………… 55
귤나무 …………………… 31	조릿대 …………………… 41	마늘 ……………………… 56
은행나무 ………………… 32	딸기 ……………………… 42	양파 ……………………… 57
단풍나무 ………………… 34	토마토 …………………… 44	감자 ……………………… 58
담쟁이덩굴 ……………… 35	수박 ……………………… 46	고구마 …………………… 59
참나무 …………………… 36	참외 ……………………… 48	도라지 …………………… 60
고로쇠나무 ……………… 37	배추 ……………………… 50	인삼 ……………………… 62
소나무 …………………… 38	무 ………………………… 52	가지 ……………………… 64

개나리

이른 봄에 꽃가지를 늘어뜨리고 노랗게 피어, 봄소식을 전하는 개나리는 갈잎떨기나무로 양지바른 곳에서 잘 자랍니다. 잎이 나기 전에 작은 꽃을 다닥다닥 피워 멀리서 보면 그루 전체가 커다란 꽃 같습니다.

분 류 : 용담목 물푸레나무과
나는곳 : 양지바른 곳에서 잘 자랍니다. 뜰에 심어 가꾸거나 울타리로 심습니다.
생김새 : 갈잎떨기나무로 높이 3m 정도 자랍니다. 가느다란 가지가 아래에서부터 많이 자라는데 가지 끝이 밑으로 처집니다.
잎 : 타원 모양이며, 양끝이 뾰족하고, 가장자리에 톱니가 있습니다.
꽃 : 4월에 잎이 나기 전에 잎겨드랑이에 1~3 송이씩 핍니다. 노란 꽃잎은 네 갈래로 깊게 갈라집니다. 암꽃과 수꽃이 따로 핍니다.
열 매 : 9~10월에 익는데 다 익으면 저절로 갈라집니다.
특 징 : 우리 나라 특산종입니다. 꺾꽂이나 휘묻이로 번식합니다.

잎의 양끝이 뾰족하고 가장자리에 톱니가 있습니다.

뜰이나 울타리에 심습니다.

노란 꽃잎이 네 개로 갈라집니다.

진달래

분　　류 :	진달래목 진달래과
나 는 곳 :	양지바른 산지에서 잘 자랍니다.
생 김 새 :	갈잎떨기나무로 높이 2~3m 정도 자랍니다.
잎 :	길쭉한 타원 모양으로 가지에서 어긋납니다. 잎 가장자리에 큰 톱니가 있습니다.
꽃 :	4월에 잎이 나기 전에 가지 끝에 한 송이씩 핍니다. 2~5송이가 모여 달리기도 합니다. 연분홍색 꽃잎은 다섯 개로 갈라져 있지만 아래쪽은 붙어 있어 하나입니다.
열　　매 :	10월에 익습니다. 원통 모양에 속에는 칸칸이 나뉘어져 씨가 들어 있습니다. 다 익으면 갈라져서 터집니다.
특　　징 :	꽃잎으로 전을 부쳐 먹고, 술도 담그고, 약으로 쓰기도 합니다.

봄이 되면 붉게 피어 봄소식을 알리는 진달래는 갈잎떨기나무로 양지바른 산지에 저절로 자라는 야생화입니다. 꽃을 따서 먹기도 하고, 화전을 부쳐 먹기도 하며, 약으로 쓰기도 합니다. 참꽃 또는 두견화라고도 합니다.

잎이 나기 전에 봉오리를 맺고 꽃을 피웁니다.

양지바른 산에서 자랍니다.

연분홍 꽃잎 안에 수술이 길게 납니다.

매화나무

매실 열매를 맺는 매화나무는 갈잎작은키나무로 꽃을 보기 위해 심어 가꿉니다. 긴 겨울을 이겨 내고 이른 봄에 잎보다 먼저 곱고 아름다운 꽃을 피웁니다. 꽃잎이 하얀 흰매화, 연둣빛이 도는 청매화, 붉은 홍매화 등이 있습니다. 매실나무라고도 합니다.

- 분　류 : 장미목 장미과
- 나는곳 : 정원이나 집 뜰에 심어 가꿉니다.
- 생김새 : 갈잎큰키나무로 높이 5~10m 정도 자랍니다.
- 　잎 : 달걀 모양이거나 조금 넓은 모양으로 가지에서 어긋납니다.
- 　꽃 : 3월에 나뭇가지의 잎겨드랑이에서 1~3송이가 나뭇잎보다 먼저 핍니다. 달걀 모양의 꽃잎이 여러 장 달립니다.
- 열　매 : 꽃이 지고 나면 매실이라는 열매가 열리고 6월경에 노랗게 익습니다.
- 특　징 : 난초·국화·대나무와 함께 사군자라고 합니다. 매실은 약으로 쓰며, 술을 담가 먹기도 합니다.

매화나무 열매인 매실

목련

- 분 류: 미나리아재비목 목련과
- 나는곳: 산기슭에 나며, 집 뜰에 심어 가꿉니다.
- 생김새: 갈잎큰키나무로 높이 10m 정도 자랍니다.
  - 잎: 잎은 넓은 달걀 모양이고 끝이 뾰족합니다.
  - 꽃: 4월 초부터 잎이 나기 전에 노란 빛이 도는 하얀색 꽃이 가지 끝에 1송이씩 핍니다.
- 열 매: 9~10월에 열매가 익습니다.
- 특 징: 꽃이 연꽃과 닮았다고 하여 나무에 피는 연꽃이라는 뜻으로 목련이라고 하였습니다.

바다지기를 사랑한 하늘나라 공주의 넋이 꽃이 되었다는 목련은 갈잎큰키나무로 산기슭에서 자라며, 꽃이 예뻐서 집 뜰에 심어 가꾸기도 합니다. 털이 달린 꽃눈으로 겨울을 나고 봄이 되면 잎보다 먼저 꽃을 피웁니다. 꽃잎이 하얀 백목련, 자줏빛인 자목련이 있습니다. 꽃봉오리를 말려 약으로 씁니다.

자목련 자줏빛 꽃이 핍니다.

벚나무

봄에 화사한 꽃을 와르르 피우는 벚나무는 갈잎큰키나무로 산과 들에서 자랍니다. 요즈음에는 공원이나 길가에 많이 심어 가꾸어 꽃이 활짝 필 때에는 벚꽃놀이를 하기도 합니다. 꽃은 3~4일이면 지고 버찌라고 하는 열매가 열립니다.

버찌

- 분　　류 : 장미목 장미과
- 나 는 곳 : 산이나 마을 부근 또는 공원이나 길가에 심어 가꿉니다.
- 생 김 새 : 갈잎큰키나무로 높이 약 20m까지 자랍니다.
- 　　잎 : 가지에서 어긋나며 달걀 모양으로 가장자리에 바늘 같은 겹톱니가 있습니다.
- 　　꽃 : 4~5월에 하얀색이나 분홍색 꽃이 잎보다 먼저 핍니다.
- 열　　매 : 6~7월에 열매가 붉게 익습니다. 다 익으면 검게 변합니다.
- 특　　징 : 벚나무의 열매를 버찌라고 합니다.

산수유

- 분 류: 산형화목 층층나무과
- 나 는 곳: 산지나 집 부근에서 자랍니다.
- 생 김 새: 갈잎큰키나무로 높이 7m 정도 자랍니다.
  - 잎: 마주나며 달걀 모양입니다. 가장자리가 밋밋하고 끝이 뾰족합니다.
  - 꽃: 노란 꽃이 3~4월에 잎보다 먼저 핍니다.
  - 열 매: 대추처럼 갸름하게 생긴 열매가 8~10월에 붉게 익습니다.
- 특 징: 열매인 산수유로 차를 끓여 마시기도 하며 약으로도 씁니다.

이른 봄, 쌀쌀한 바람 속에서 노란 꽃을 피우는 산수유는 갈잎큰키나무로 산자락이나 집 부근에서 자랍니다. 가지에 잎이 나기 전에 노란 꽃을 우산살을 펼치듯이 피웁니다. 붉게 익은 열매를 잘 말려서 차를 끓여 마시고, 약으로도 씁니다.

산수유꽃

산수유 열매

수수꽃다리

작은 꽃이 수수처럼 다닥다닥 피어서 커다란 꽃송이처럼 보이는 수수꽃다리는 갈잎떨기나무로 산기슭에서 자라며 향기가 좋아 정원에 심어 가꿉니다. 우리 나라 특산 식물로 서양으로 가져가 조금 개량하여 라일락이라고 하였습니다.

- 분　류: 용담목 물푸레나무과
- 나는곳: 산기슭 석회암 지대에서 자라며, 향기가 좋아 정원에 많이 심습니다.
- 생김새: 갈잎떨기나무로 높이 2~3m 자랍니다. 서양에서 개량하여 들여온 서양수수꽃다리는 5m 정도 자랍니다.
- 잎: 잎은 심장 모양으로 마주나며 가장자리가 밋밋합니다.
- 꽃: 4~5월에 연한 자주색 꽃이 묵은 가지에서 핍니다. 작은 꽃이 많이 피어 커다란 꽃다발을 이룹니다.
- 열　매: 9월에 열매가 익습니다.
- 특　징: 외국에서 개량하여 들여온 서양수수꽃다리를 라일락이라고 하는데 주로 하얀 꽃이 핍니다.

4개로 갈라진 꽃이 수수처럼 다닥다닥 모여 핍니다.

등나무

- 분 류: 장미목 콩과
- 나는 곳: 절이나 집 부근에서 자랍니다.
- 생김새: 갈잎덩굴나무로 10m 정도 자랍니다. 원줄기가 길게 뻗어 많은 가지를 만들며 다른 물체를 감고 자랍니다.
- 잎: 끝이 뾰족한 달걀 모양의 작은 잎이 13~19개 달린 깃꼴겹잎이 어긋납니다.
- 꽃: 5~6월에 연보라색 꽃이 줄줄이 매달립니다.
- 열 매: 9월에 열매가 익습니다.
- 특 징: 학교 뜰이나 공원의 쉼터에 심어 그늘을 이용합니다.

뜨거운 여름에 햇볕을 가려 시원한 그늘을 만들어 주는 등나무는 갈잎덩굴나무로 절이나 집 부근에서 자랍니다. 원줄기가 길게 뻗으며 덩굴을 오른쪽으로 감으면서 자랍니다. 5~6월에 작은 꽃이 많이 모여 주렁주렁 늘어지듯이 핍니다.

뜨거운 여름에 시원한 그늘을 만들어 줍니다.

해당화

궁녀로 뽑혀 간 누나를 기다리다 죽은 소년이 죽은 자리에서 피어났다는 전설이 있는 해당화는 갈잎떨기나무로 바닷가 모래땅이나 산기슭 양지바른 곳에서 자랍니다. 봄에 새로 자란 가지에서만 붉은 꽃을 피우며, 꽃이 지고 나면 동그란 열매가 익습니다. 가지에 가시가 있으며, 붉은 꽃과 향기 등이 장미와 많이 닮았습니다.

- 분　류 : 장미목 장미과
- 나는곳 : 바닷가 모래땅이나 산기슭에서 자랍니다.
- 생김새 : 갈잎떨기나무로 높이 1~1.5m 정도 자랍니다. 가지에 갈색 가시와 억센 털이 빽빽이 납니다.
- 잎 : 타원 모양의 작은 잎 5~9장으로 된 깃꼴겹잎이 어긋납니다. 작은 잎은 두껍고 가장자리에 톱니가 있습니다.
- 꽃 : 5~6월에 붉은색이나 하얀색 꽃이 새로 난 가지 끝에 1~3송이씩 핍니다.
- 열　매 : 8월에 열매가 붉게 익습니다.
- 특　징 : 어린 순은 나물로 먹고 뿌리는 약으로 씁니다.

찔레꽃

- 분　　류 : 장미목 장미과
- 나 는 곳 : 산기슭이나 냇가에 많이 자랍니다.
- 생 김 새 : 갈잎떨기나무로 높이 1~2m 정도 자랍니다. 가지를 많이 뻗으며, 가지에 날카로운 가시가 있습니다.
- 잎 : 타원 모양의 작은 잎 5~9장으로 된 깃꼴겹잎이 어긋납니다. 작은 잎 가장자리에 톱니가 있습니다.
- 꽃 : 5월에 하얀색 또는 연붉은색 꽃이 가지 끝에 여러 송이가 모여 핍니다.
- 열　　매 : 9월에 열매가 붉은색으로 익습니다.
- 특　　징 : 열매는 영실이라고 하며 한약 재료로 씁니다.

가지에 나는 가시는 장미와 비슷합니다. 찔레꽃은 갈잎떨기나무로 산기슭이나 볕이 잘 드는 냇가와 골짜기에서 자랍니다. 늦은 봄에 새로 난 가지 끝에 여러 송이가 모여 핍니다. 가을에 열매가 붉게 익습니다. 찔레나무라고도 합니다.

장미처럼 줄기에 가시가 있습니다.

장미

'꽃의 여왕'으로 불리는 장미는 갈잎떨기나무로 꽃밭이나 온실에 심어 가꿉니다. 꽃이 아름답고 향기도 좋아서 사람들이 좋아합니다. 하지만 가지에 날카로운 가시가 많이 나 있어서 함부로 꺾다가는 찔릴 수 있습니다. 여러 가지 품종이 있어서 꽃의 생김새와 빛깔도 여러 가지입니다.

새로 자란 가지에 난 가시는 초록색이었다가 회갈색으로 바뀝니다.

- 분　　류 : 장미목 장미과
- 나는곳 : 울타리에 심거나 꽃밭이나 온실에 심어 가꿉니다.
- 생김새 : 갈잎떨기나무로 높이 2~3m 정도 자랍니다. 줄기가 덩굴성이어서 옆으로 뻗거나 아래로 처지기도 합니다. 날카로운 가시가 많이 나 있습니다.
- 잎 : 끝이 뾰족한 타원 모양으로 가장자리에 날카로운 톱니가 있습니다. 줄기나 가지에서 어긋납니다.
- 꽃 : 5~6월에 핍니다. 온실에서 재배하는 개량된 품종은 1년 내내 피는 것도 있습니다. 꽃의 빛깔은 대부분 빨강, 노랑, 분홍, 하얀색이지만, 품종에 따라 여러 가지입니다.
- 특　　징 : 품종이 매우 많습니다. 전세계에 15,000여 종이 있으며, 우리 나라에도 500여 종이 있습니다.

코사이

올림픽 화이어

니코르 파가니니

프린세스 드 모나코

루지 메이양

불루문

프레지던트 L, 생골

한얼

광명 단심

무궁화

- 분　　류 : 아욱목 아욱과
- 나 는 곳 : 우리 나라 중부 이남의 정원이나 울타리에 심어 가꿉니다.
- 생 김 새 : 갈잎떨기나무로 높이가 2~4m 정도입니다. 가지를 많이 치며, 가지는 회색빛을 띱니다.
- 잎 : 달걀 모양으로 어긋나기로 납니다. 위쪽은 세 갈래로 갈라지며, 가장자리에 거친 톱니가 있습니다.
- 꽃 : 7~10월에, 새로 자란 잎겨드랑이에 한 송이씩 분홍색과 하얀색으로 핍니다. 꽃의 안쪽이 붉습니다.
- 열　　매 : 10월에 익는데 다 익으면 갈라 터집니다.
- 특　　징 : 우리 나라 나라꽃입니다. 한얼, 광명, 배달, 단심, 삼천리, 아사달 등 여러 품종이 있습니다.

7월부터 10월까지 오랜 동안 꽃이 피는 무궁화는 갈잎떨기나무로 정원이나 울타리에 심어 가꿉니다. 꽃은 아침에 피었다가 저녁에 시들어 버리지만 새로운 꽃이 계속 피어납니다. 정원이나 학교, 길가, 공원 등에 심어 가꾸며 울타리로 심기도 합니다.

배달　　　　　　　　　삼천리

동백나무

한겨울에도 추위를 겁내지 않고 꽃을 피우는 동백나무는 늘푸른큰키나무로 남부 지방의 해안 근처 산지와 마을 부근에서 자랍니다. 잎은 사철 반짝반짝 빛나며, 겨울 동안에 붉은 꽃을 피웁니다. 곤충 대신에 동박새가 꽃가루를 옮겨 주어 꽃가루받이를 합니다.

분　류 : 측막태좌목 차나무과
나는곳 : 남부 지방의 산지와 마을 부근에서 자랍니다.
생김새 : 늘푸른큰키나무로 높이 7m 정도 자랍니다.
　잎 : 타원 모양의 잎이 어긋나고 가장자리에 잔 톱니가 있습니다.
　꽃 : 11~3월에 붉은색 꽃이 가지 끝에 1송이씩 핍니다.
열　매 : 10월에 열매가 익으면 저절로 벌어져 씨가 튀어 나옵니다.
특　징 : 곤충이 없는 겨울에 꽃을 피우기 때문에 동박새가 꽃가루를 옮겨 줍니다.

동백꽃

동백나무 잎은 한겨울에도 반짝반짝 빛납니다.

살구나무

- 분　　류 : 장미목 장미과
- 나 는 곳 : 집 부근이나 과수원에 심어 가꿉니다.
- 생 김 새 : 갈잎중키나무로 높이 5m 정도 자랍니다.
  - 잎 : 넓은 타원 모양으로 어긋나며, 가장자리에 톱니가 있습니다.
  - 꽃 : 4월에 연붉은색 꽃이 잎보다 먼저 핍니다.
  - 열　매 : 7월에 둥근 모양으로 노란색 또는 주황색으로 익습니다.
- 특　　징 : 열매는 과일로 먹고, 씨는 약의 재료로 씁니다.

　새콤달콤한 맛이 나는 살구가 열리는 살구나무는 갈잎중키나무로 집 부근에 심어 가꿉니다. 나무의 껍질은 붉은빛이 돌며 어린 가지는 갈색을 띤 자주색입니다. 봄에 잎이 나기 전에 연한 붉은색 꽃이 핍니다.

잎이 나기 전에 꽃이 핍니다.

복숭아나무

껍질에 솜털이 보송보송한 복숭아가 열리는 복숭아나무는 갈잎중키나무로 주로 과수원에 심어 가꿉니다. 봄에 잎이 나기 전에 화사한 꽃을 피우고 여름에 열매인 복숭아가 익습니다. 복숭아는 과일로 먹고 통조림을 만들어 먹기도 합니다. 복사나무라고도 합니다.

- 분　　류 : 장미목 장미과
- 나 는 곳 : 집 부근이나 과수원에 심어서 가꿉니다.
- 생 김 새 : 갈잎중키나무로 높이 3m 정도 자랍니다.
- 　　잎 : 끝이 뾰족한 긴 타원 모양으로 어긋나며, 가장자리에 톱니가 있습니다.
- 　　꽃 : 4~5월에 하얀색 또는 분홍색 꽃이 잎보다 먼저 핍니다. 잎겨드랑이에 1~2송이가 달립니다.
- 열　　매 : 7~8월에 익으며, 겉에 털이 많이 있습니다.
- 특　　징 : 열매인 복숭아를 과일로 먹거나 통조림으로 만듭니다. 씨는 약재로 사용합니다.

분홍색 꽃이 잎보다 먼저 핍니다.

복숭아

자두나무

- 분　　류: 장미목 장미과
- 나 는 곳: 교통이 편리한 도시 근교에서 심어 가꿉니다.
- 생 김 새: 갈잎큰키나무로 높이 10m 정도 자랍니다. 작은 가지는 붉은 갈색이며 빛이 납니다.
- 잎: 긴 타원 모양으로 어긋나며, 가장자리에 둔한 톱니가 있습니다.
- 꽃: 4~5월에 잎겨드랑이에서 나온 꽃자루 끝에 보라색 꽃이 핍니다.
- 열　　매: 7~8월에 달걀 모양으로 붉은빛을 띤 자주색 또는 노란색으로 익습니다.
- 특　　징: 열매는 과일로 먹습니다. 자두나무를 자도나무 또는 오얏나무라고도 합니다.

신맛과 단맛이 나는 자두가 열리는 자두나무는 갈잎큰키나무로 집 부근에서 과일나무로 심어 가꿉니다. 4월에 잎이 나기 전에 하얀 꽃을 피우며, 7월에 열매인 자두가 노란색이나 자주색으로 익습니다. 종류로는 동양자두, 서양자두, 미국자두가 있습니다. 자두나무를 오얏나무라고도 합니다.

껍질이 매끄럽고 속에 씨앗이 한 개 들어 있습니다.

포도나무

동그란 포도알이 송이송이 열리는 포도나무는 갈잎 덩굴나무로 농장에 심어 가꿉니다. 덩굴로 자라므로 버팀목을 해 주고 잘 가꾸면 포도송이가 주렁주렁 달립니다. 잘 익은 포도는 과일로 먹으며, 말려서 건포도로 먹고 통조림·주스·술 등을 만들어 먹습니다.

- 분　류: 갈매나무목 포도과
- 나는곳: 물이 잘 빠지는 땅에서 잘 자랍니다. 주로 농장에 심어서 가꿉니다.
- 생김새: 갈잎덩굴나무로 길이 3m 정도 자랍니다. 잎과 마주나는 덩굴손으로 다른 물체에 붙어 자랍니다.
- 잎: 손바닥 모양으로 갈라지며 가장자리에 톱니가 있습니다. 덩굴손과 마주납니다.
- 꽃: 5~6월에 황록색 꽃이 원뿔 모양으로 가지 끝에 모여 핍니다.
- 열매: 8~10월에 익습니다. 열매는 보라색, 녹색, 자주색 등 품종에 따라 다릅니다.
- 특징: 열매인 포도를 과일로 먹고 말려서 먹기도 합니다. 포도주를 담그거나 주스·잼·젤리 등으로 만들어 먹습니다.

포도나무 잎

감나무

- 분　　류: 감나무목 감나무과
- 나는곳: 우리 나라 중부 이남에서 집 부근에 심어 가꿉니다.
- 생김새: 갈잎큰키나무로 높이 6~14m 정도 자랍니다. 줄기의 겉껍질이 비늘 모양으로 갈라지며 작은 가지에 갈색 털이 있습니다.
- 잎: 타원 모양으로 어긋나며, 끝이 뾰족합니다.
- 꽃: 4~5월에 노란 빛이 도는 하얀색 꽃이 핍니다. 잎겨드랑이에 1송이씩 달립니다.
- 열매: 10월에 주황색 또는 붉은색으로 익습니다.
- 특징: 열매인 감은 과일로 먹고, 말려서 곶감으로 만들어 저장해 두었다가 먹습니다. 나무는 가구 재료로 쓰입니다.

늦가을에 말랑말랑한 감이 주렁주렁 열리는 감나무는 갈잎큰키나무로 집 부근에 심어 가꿉니다. 5~6월에 연한 노란색 꽃이 피고 동글납작한 열매가 달립니다. 초록색인 열매는 가을에 주황색으로 익습니다. 서리가 내릴 때까지 두면 홍시가 되기도 합니다. 감은 과일로 먹고, 껍질을 깎아 말려서 곶감으로 만들어 먹습니다.

감꽃

사과나무

속살이 아삭아삭 맛있는 사과가 열리는 사과나무는 갈잎큰키나무로 과수원에 심어 가꿉니다. 봄에 사과 꽃이 피었다 지면 열매가 맺히고 가을에 붉게 익습니다. 예전에는 국광과 홍옥이라는 품종을 많이 재배하였지만 계속 개량하여 더욱 맛있고 큰 사과를 생산하고 있습니다.

- 분 류: 장미목 장미과
- 나는 곳: 과수원에 심어서 가꿉니다. 서늘하고 건조한 곳에서 잘 자랍니다.
- 생김새: 갈잎큰키나무로 높이 10m 정도 자랍니다. 과수원에 심는 개량종은 가지를 많이 뻗게 가꿉니다.
- 잎: 타원 모양으로 어긋나며, 가장자리에 톱니가 있습니다.
- 꽃: 4~5월에 하얀색 또는 분홍색 꽃이 핍니다. 가지 끝의 잎겨드랑이에 여러 송이가 모여 달립니다.
- 열매: 8~9월에 붉게 익습니다. 둥근 사과는 양 끝이 오목하게 들어가 있습니다.
- 특 징: 열매인 사과에는 비타민 C와 칼슘 등의 무기질이 많이 들어 있습니다. 날로 먹거나 잼, 주스, 사이다, 술 등을 만들어 먹습니다.

사과꽃은 4~5월에 가지 끝에 여러 송이가 모여 핍니다.

초록빛 사과는 햇빛을 받으며 붉게 익어 갑니다.

잘 익은 사과에는 비타민 C를 비롯한 영양분이 많습니다.

배나무

단물이 많아 맛이 시원한 배가 열리는 배나무는 갈잎 중키나무로 과수원에 심어서 가꿉니다. 고실네, 황실네, 청실네 같은 재래종이 있었지만 외국에서 들여온 배나무를 기르면서 사라졌습니다. 배의 열매 속에는 돌세포(석세포)가 들어 있어서 먹을 때 아삭아삭 씹히는 맛이 납니다.

- 분　류 : 장미목 장미과
- 나는곳 : 집 부근이나 과수원에 심어서 가꿉니다.
- 생김새 : 갈잎중키나무로 높이 5m 정도 자랍니다.
  - 잎 : 긴 타원 모양으로 어긋나며, 가장자리에 톱니가 있습니다.
  - 꽃 : 4~5월에 하얀색 꽃이 핍니다. 꽃잎은 5장이며 여러 송이가 모여 달립니다.
- 열　매 : 9~10월에 엷은 갈색으로 익습니다.
- 특　징 : 열매인 배는 단맛이 있고 수분이 많이 들어 있습니다. 잘 익은 배에는 돌세포가 있어서 씹히는 맛이 납니다. 과일로 먹거나 통조림 등으로 만들어 먹습니다.

배꽃

대추나무

- 분　　류 : 갈매나무목 갈매나무과
- 나 는 곳 : 마을 부근에 심어 가꿉니다.
- 생 김 새 : 갈잎큰키나무로 나무 전체에 가시가 있으며, 마디 위에 작은 가지가 여러 개 있습니다.
- 잎 : 긴 달걀 모양으로 어긋나며, 가장자리에 잔 톱니가 있습니다.
- 꽃 : 6월에 노란 빛이 나는 초록색 꽃이 잎겨드랑이에 모여 달립니다.
- 열　　매 : 9~10월에 타원 모양으로 붉게 익습니다.
- 특　　징 : 열매는 과일로 먹고, 약의 재료로도 씁니다.

조그만 열매가 다닥다닥 열리는 대추나무는 갈잎큰키나무로 마을 부근에 심어 가꿉니다. 6월에 연한 녹색 꽃이 피고 열매는 가을에 붉게 익습니다. 나무가 단단하여 농기구 등을 만들며, 열매인 대추는 조상을 모시는 제사상이나 차례상에 빠뜨리지 않고 올립니다.

초록빛 열매가 붉게 익습니다.

밤나무

가시가 많은 밤송이가 열리는 밤나무는 갈잎큰키나무로 산기슭이나 밭둑에 심어 가꿉니다. 6월경에 향기가 많이 나는 밤꽃을 피워 곤충에게 꿀을 주고 열매를 맺습니다. 가시투성이의 밤송이는 가을에 누렇게 익습니다. 아람이 되면 밤송이가 벌어지고 알밤이 떨어집니다. 알밤은 구워 먹거나 삶아 먹습니다.

- 분 류 : 참나무목 참나무과
- 나는곳 : 산기슭이나 밭둑에 심어 가꿉니다.
- 생김새 : 갈잎큰키나무로 높이 10~15m 정도 자랍니다. 줄기의 껍질은 세로로 갈라집니다.
- 잎 : 긴 타원 모양으로 어긋나며, 가장자리에 물결 모양의 톱니가 있습니다.
- 꽃 : 6월에 하얀색 꽃이 핍니다. 수꽃은 잎겨드랑이에 이삭처럼 달리고, 암꽃은 그 밑에 2~3송이가 달립니다. 꽃에서 향기가 많이 납니다.
- 열 매 : 9~10월에 가시가 많은 밤송이로 익습니다. 열매가 익으면 밤송이가 벌어집니다.
- 특 징 : 열매를 날로 먹거나 삶아서 먹습니다. 나무가 단단하고 습기에 강해서 배를 만들거나 건축 재료로 씁니다.

밤꽃

귤나무

귤꽃

새콤달콤 맛있는 귤이 열리는 귤나무는 늘푸른중키나무로 따뜻한 지방에서 자랍니다. 우리 나라에서는 제주도에서 주로 기릅니다. 봄에 하얀 꽃을 피우고 초록색 열매를 맺으면 늦가을에 주황색으로 익습니다. 귤 껍질은 두껍고 오톨도톨합니다.

- 분 류 : 쥐손이풀목 운향과
- 나는 곳 : 우리 나라의 제주도에서 집 부근이나 농장에 심어 가꿉니다.
- 생김새 : 늘푸른중키나무로 높이 3~5m 정도 자랍니다. 가지가 퍼지며, 가시가 없습니다.
- 잎 : 타원 모양으로 어긋나며, 가장자리에 물결 같은 작은 톱니가 있습니다.
- 꽃 : 6월에 하얀색 꽃이 핍니다. 잎겨드랑이에 1송이씩 달립니다.
- 열 매 : 10~11월에 작은 공 모양으로 노랗게 익습니다.
- 특 징 : 열매를 과일로 먹고, 열매의 껍질은 약의 재료로 씁니다.

은행나무

가을이 되면 잎이 노랗게 물드는 은행나무는 갈잎큰키나무로 집 주변에 심거나 가로수로 심어 기릅니다. 굵은 줄기에서 가지를 많이 뻗으며 긴 가지에서 짧은 가지를 뻗습니다. 부채와 비슷한 모양의 잎이 가장자리 가운데에서 두 개로 조금 갈라집니다.

분　　류 :	장미목 은행나무과
나는곳 :	집 주변에 심거나 가로수로 많이 기릅니다.
생김새 :	갈잎큰키나무로 가지를 많이 뻗으며 높이 5~10m 자랍니다.
잎 :	부채꼴의 잎이 어긋나며, 가장자리 가운데에서 2개로 갈라집니다. 가을에 잎이 노랗게 물들면 매우 아름답습니다.
꽃 :	4~5월에 꽃이 핍니다. 암그루와 수그루가 따로 있습니다.
열　　매 :	10월에 공 모양의 열매가 익습니다. 열매에서 좋지 않은 냄새가 납니다.
특　　징 :	씨앗인 은행은 먹기도 하고, 잎과 함께 약의 재료로 이용합니다.

수그루에서 핀 은행나무 수꽃

여름철의 초록빛 은행나무 잎

껍질 속에 씨앗인 은행이
들어 있습니다.

단풍나무

가을에 잎이 빨갛게 물들어 산을 아름답게 해 주는 단풍나무는 갈잎큰키나무로 산의 계곡에서 많이 자랍니다. 4~5월에 검붉은색 꽃이 피고 가을에 열매가 붉게 익습니다. 프로펠러처럼 생긴 열매는 바람을 타고 멀리까지 날아갑니다.

- 분　　류 : 무환자나무목 단풍나무과
- 나 는 곳 : 산의 계곡에서 자랍니다.
- 생 김 새 : 갈잎큰키나무로 산지의 계곡에서 높이 10m 정도 자랍니다.
- 잎 : 마주나고 손바닥 모양으로 깊게 갈라집니다. 갈라진 조각이 뾰족합니다. 가을에 잎이 빨갛게 물듭니다.
- 꽃 : 4~5월에 검붉은색 꽃이 가지 끝에 모여 달립니다.
- 열　매 : 9~10월에 프로펠러 모양의 열매가 익습니다.
- 특　　징 : 나뭇잎이 아름다워 관상용으로 심으며 나무는 땔감으로 쓰입니다.

여름철의 단풍나무 잎

여름철에는 초록빛인 담쟁이덩굴 잎

덩굴손에 빨판 같은 것이 있어서 담을 타고 기어오릅니다.

담쟁이덩굴

분　류 : 갈매나무목 포도과
나 는 곳 : 담이나 나무 줄기에 붙어서 10m 이상 자랍니다.
생 김 새 : 덩굴나무로 줄기에 잎과 마주나는 덩굴손이 있습니다. 덩굴손에 빨판 같은 것이 있어서 나무나 담을 기어올라갈 수 있습니다.
잎 : 달걀 모양의 잎이 어긋나며 3개로 갈라집니다. 가을에 잎이 붉게 물듭니다.
꽃 : 6~7월에 풀색 꽃이 핍니다.
열　매 : 9~10월에 열매가 검게 익습니다.

가을에 잎이 빨갛게 물드는 담쟁이덩굴은 갈잎덩굴나무로 돌담이나 바위, 나무 줄기에 붙어 자랍니다. 잎과 마주나는 덩굴손에 빨판 같은 뿌리가 있어서 나무나 담에 붙어 떨어지지 않고 기어올라갑니다. 집의 담장에 많이 자라므로 담쟁이덩굴이라고 하였습니다.

참나무

상수리가 열리는 상수리나무를 참나무라고 하며, 도토리가 열리는 나무를 통틀어서 참나무라고도 합니다. 대부분 잎 가장자리에 날카로운 톱니가 있으며 가을에 붉은 갈색으로 물듭니다. 참나무에는 상수리나무·굴참나무·갈참나무·졸참나무·떡갈나무·신갈나무 등이 있습니다.

- 분　류 : 참나무목 참나무과
- 나는곳 : 산기슭에서 많이 자랍니다.
- 생김새 : 갈잎큰키나무로 높이 20~25m 자랍니다.
- 　잎 : 긴 타원 모양의 잎이 어긋나고 가장자리에 날카로운 톱니가 있습니다.
- 　꽃 : 5월에 꽃이 피며, 수꽃 이삭은 늘어집니다.
- 열　매 : 이듬해 10월에 열매인 상수리가 익습니다.
- 특　징 : 상수리로 묵을 만들어 먹습니다.

여름철의 굴참나무 잎

붉게 물든 굴참나무 잎

고로쇠나무

- 분　　류 : 무환자나무목 단풍나무과
- 나 는 곳 : 산지 숲에서 자랍니다.
- 생 김 새 : 갈잎큰키나무로 높이 20m 정도 자랍니다.
  - 잎 : 둥그런 잎이 마주나며 손바닥처럼 5갈래로 갈라집니다.
  - 꽃 : 4~5월에 작은 꽃이 연노란색으로 핍니다.
- 열　　매 : 9월에 열매가 익습니다.
- 특　　징 : 줄기에 상처를 내어 흘러나온 즙을 약수로 마십니다.

나무의 즙인 수액이 사람의 몸에 좋다고 알려진 고로쇠나무는 갈잎큰키나무로 산지 숲 속에서 자랍니다. 가지에서 마주난 잎은 손바닥처럼 5갈래로 갈라지며 가을에 노란색으로 물듭니다. 굵은 줄기의 1m 정도 높이에 흠집을 내서 나무의 즙을 받아 약수로 먹습니다.

손바닥처럼 5갈래로 갈라집니다.

소나무

- 분　　류 : 구과목 소나무과
- 나 는 곳 : 산에서 자랍니다.
- 생 김 새 : 늘푸른큰키나무로 높이 35m 정도 자랍니다.
- 잎 : 바늘잎이 짧은 가지에서 2개씩 뭉쳐납니다.
- 꽃 : 5월에 핍니다. 새로 난 가지 끝에 암꽃이 달리고 그 아래에 수꽃이 달립니다. 꽃가루를 바람에 날려 꽃가루받이를 합니다.
- 열　　매 : 이듬해 가을에 방울 모양의 열매가 익습니다. 열매인 솔방울 속에 씨가 들어 있습니다. 씨앗에는 날개가 달려 있습니다.
- 특　　징 : 나무는 건축 재료나 펄프로 쓰이며 꽃가루로 음식을 만들어 먹기도 합니다.

바늘처럼 가늘고 긴 잎을 달고 있는 소나무는 늘푸른큰키나무로 우리 나라의 산에서 많이 자랍니다. 두 개씩 모여나는 바늘잎으로 수분을 조절하여 겨울에도 푸른 잎을 달고 있습니다. 옛날부터 한겨울에도 푸르름을 잃지 않는 소나무를 절개의 표상으로 삼았습니다.

소나무의 열매인 솔방울은 이듬해 가을에 익습니다.

한겨울에도 푸른 잎을 떨구지 않습니다.

사철나무

- 분　류 : 무환자나무목 노박덩굴과
- 나는곳 : 바닷가 산기슭의 반 그늘진 곳이나 집 근처에서 납니다.
- 생김새 : 늘푸른떨기나무로 높이 3m 정도 자랍니다.
  - 잎 : 타원 모양의 두꺼운 잎이 마주납니다.
  - 꽃 : 6~7월에 연초록 꽃이 잎겨드랑이에 여러 송이가 달립니다.
- 열　매 : 10월에 구슬 모양의 열매가 붉게 익습니다.
- 특　징 : 사철 내내 푸른 잎을 볼 수 있어서 산울타리로 심거나 뜰에 심어 가꿉니다.

사계절 내내 푸른 잎을 자랑하는 사철나무는 늘푸른 떨기나무로 집의 산울타리로 많이 심어 가꿉니다. 6~7월에 연노란색 꽃이 피고 가을에 열매가 붉게 익습니다. 겨울을 지내고 봄에 새 잎이 나면 묵은 잎을 떨어뜨려 항상 푸른 잎을 달고 있습니다.

눈 속에서도 푸르름을 잃지 않습니다.

측백나무

선비의 절개와 기상을 나타내는 나무로 알려진 측백나무는 늘푸른큰키나무로 집 주변에 산울타리로 많이 심습니다. 비늘 같은 잎이 마주나며 3개씩 나기도 합니다. 잎이 옆으로 퍼지며 다닥다닥 붙어 나므로 바람을 막아 주는 울타리 구실도 합니다. 한겨울에도 푸르름을 잃지 않는 늘푸른나무입니다.

- 분　　류 : 구과목 측백나무과
- 나 는 곳 : 집 주변에 산울타리로 심거나 관상용으로 심어 가꿉니다.
- 생 김 새 : 늘푸른큰키나무로 높이 25m 정도 자랍니다.
- 잎 : 비늘같이 생긴 잎이 뾰족한 편이며 마주나거나 3개씩 달립니다.
- 꽃 : 4월에 전년도 가지에서 핍니다.
- 열　　매 : 9~10월에 익습니다.
- 특　　징 : 큰키나무이지만 떨기나무와 비슷합니다.

눈 속에서도 잎이 초록빛인 측백나무

대나무

- 분　　류 : 벼목 벼과
- 나 는 곳 : 더운 지방에서 자랍니다. 우리 나라에서는 중부 이남에서 자랍니다.
- 생 김 새 : 늘푸른큰키나무로 곧게 자랍니다. 땅속줄기가 옆으로 뻗어 죽순이 납니다. 줄기는 원기둥 모양이며 마디 사이가 비어 있어 나이테가 없습니다. 마디 위에서 곁가지가 나옵니다.
- 잎 : 피침 모양의 잎이 가지 끝에 달립니다.
- 꽃 : 5~7월에 핍니다. 종류에 따라 피는 시기와 주기가 다릅니다.
- 특　　징 : 대나무의 어린 순을 죽순이라고 하며 먹을 수 있습니다. 대나무를 낚싯대·건축재로 쓰며, 길게 쪼개어 바구니 등 죽세공품을 만듭니다. 매화·난초·국화와 함께 '사군자' 중의 하나입니다.

우리 나라에서 자라는 대나무는 왕대 종류·해장죽 종류·조릿대 종류·이대 종류가 있으며, 왕대에는 왕대·죽순대·오죽·솜대·반죽·관암죽의 6종이 있고, 해장죽에는 해장죽 1종이 있으며, 조릿대에는 고려조릿대·섬조릿대·제주조릿·조릿대·갓대·섬대의 6종이 있으며, 이대에는 이대·자주이대 2종류가 있습니다. 종류마다 크기와 형태는 조금씩 다르지만 죽순으로 날 때는 잎집이 감싸고 있으며 자라면서 떨어져 나갑니다.

조릿대 대나무의 한 종류로 키가 작고 가느다랗습니다.

딸기

분 류 :	장미목 장미과
나는 곳 :	우리 나라 전국의 밭에서 심어 가꿉니다. 비닐하우스에 심어 가꾸는 곳이 많습니다.
생김새 :	여러해살이풀로 줄기가 옆으로 뻗어 나갑니다. 줄기가 땅에 닿으면 마디에서 뿌리가 내려 새로운 포기가 늘어납니다.
잎 :	달걀 모양의 작은 잎 3장으로 된 겹잎이 뿌리에서 모여납니다. 잎 가장자리에 톱니가 있습니다. 잎자루가 깁니다.
꽃 :	4~6월에 하얀색 꽃이 핍니다. 꽃줄기 끝에 5~15송이씩 달립니다.
열 매 :	6월에 꽃턱이 발달하여 변한 과육이 붉게 익습니다. 겉에 깨알 같은 씨가 붙어 있습니다.
특 징 :	과육은 날로 먹거나, 주스와 잼을 만들어 먹으며 약으로도 씁니다.

씨앗이 겉에 달려 있어서 씹는 맛이 나는 딸기는 여러해살이풀로 대개 비닐하우스에서 기릅니다. 크고 맛있는 딸기를 따기 위해 꽃을 솎아 주기도 하고 봉지를 씌우기도 합니다. 빨갛고 탐스런 딸기는 부드러운 과육에 달콤한 수분이 많고 비타민 C가 많이 들어 있어 사람들이 즐겨 먹습니다. 우리 나라에서는 100여 년 전부터 딸기를 심었다고 합니다.

줄기에서 뿌리를 내리고 새로운 싹이 납니다.

비닐하우스에서 기릅니다.

하얀 꽃이 핍니다.

꽃턱이 발달하여 열매를 맺습니다.

붉게 익은 열매 겉에 씨가 붙어 있습니다.

토마토

열매를 통째로 먹는 토마토는 기온이 너무 높지 않고 메마른 땅에서 잘 자랍니다. 줄기가 약하고 가지를 많이 뻗으므로 받침대를 받쳐 주고 곁가지를 잘라 줍니다. 씨앗을 심은 지 60일쯤 되면 꽃이 피고 그 후 40일쯤 지나면 열매를 딸 수 있습니다. 토마토에는 수분이 많고 비타민 C가 많아 과일처럼 먹습니다.

- 분　류 : 통화식물목 가지과
- 나는곳 : 우리 나라 전국의 밭에서 심어 가꿉니다.
- 생김새 : 한해살이풀로 높이 1m 이상 자랍니다. 줄기는 가지를 많이 뻗으며 부드러운 털이 빽빽하게 납니다.
- 　잎 : 작은 잎 9~19장으로 된 깃꼴겹잎이 어긋납니다. 작은 잎은 달걀 모양이며 끝이 뾰족합니다.
- 　꽃 : 5~8월에 노란색 꽃이 핍니다. 꽃은 얕은 접시 모양이며 여러 갈래로 갈라집니다.
- 열　매 : 6~9월에 둥글납작한 열매가 붉게 익습니다.
- 특　징 : 열매를 크게 하기 위해 잔가지를 솎아 줍니다. 열매를 과일처럼 먹고 샐러드, 주스, 케첩 등으로 만들어 먹기도 합니다.

5~8월에 노란 꽃이 핍니다.

줄기가 약해 받침대를 세워 줍니다.

동글납작한 열매가 열립니다.

수박

더운 여름에 시원하고 달콤한 맛을 내는 수박은 한해살이 덩굴풀로 햇볕이 잘 들고 물이 잘 빠지는 곳에서 잘 자랍니다. 덩굴줄기가 땅 위로 가지를 치면서 길게 뻗어 나갑니다. 한 그루에 수꽃과 암꽃이 따로 핍니다. 수박 속은 익어 가면서 빨갛게 변합니다. 수박은 수분이 많고 시원해서 여름에 즐겨 먹습니다.

- 분　　류 : 박목 박과
- 나 는 곳 : 우리 나라 전국의 밭에서 심어 가꿉니다.
- 생 김 새 : 한해살이 덩굴풀로 줄기가 땅 위로 가지를 치면서 약 2m 정도까지 뻗습니다. 줄기의 마디와 잎겨드랑이에서 덩굴손이 나와 자랍니다.
- 잎 : 긴 타원 모양의 잎이 어긋납니다. 잎은 3~4갈래로 깊게 갈라지고, 가장자리에 불규칙한 톱니가 있습니다.
- 꽃 : 5~6월에 연한 노란색 꽃이 핍니다. 꽃은 잎겨드랑이에 한 송이씩 달립니다.
- 열　　매 : 7~8월에 둥그런 열매가 익습니다. 껍질은 녹색이며 짙은 줄무늬가 세로로 나 있습니다.
- 특　　징 : 열매인 수박은 속이 빨갛지만 품종에 따라 노랗거나 흰 것도 있습니다. 수분이 많고 맛이 달아 과일처럼 먹고, 약으로도 씁니다.

빨간 속살에 까만 씨가 들어 있습니다.

열매가 자라며 껍질에 검은 줄무늬가 생깁니다.

덩굴손이 나와 자랍니다.

5~6월에 연한 노란색 꽃이 핍니다.

참외

한해살이 덩굴풀인 참외는 원산지가 인도지만 우리 나라에서는 삼국 시대부터 심었다고 합니다. 줄기의 잎겨드랑이에서 덩굴손이 나와 다른 물체를 감으며 자랍니다. 뿌리를 깊게 내리지 않아서 가물면 금세 시들어 버립니다.

- 분　　류 : 박목 박과
- 나 는 곳 : 우리 나라 전국의 밭에서 심어 가꿉니다. 온도가 높고 건조한 땅에서 잘 자랍니다.
- 생 김 새 : 한해살이 덩굴풀로 줄기가 땅 위로 가지를 치면서 길게 뻗어 나갑니다. 잎겨드랑이에서 덩굴손이 나와 다른 물체를 감으며 자랍니다. 줄기에 털이 나 있습니다.
- 잎 : 손바닥 모양의 잎이 줄기에서 어긋납니다. 잎자루가 길며 얕게 갈라지고 가장자리에 톱니가 있습니다.
- 꽃 : 6~7월에 노란색 꽃이 핍니다.
- 열　　매 : 7~8월에 노랗게 익습니다. 종류에 따라 빛깔과 모양이 여러 가지입니다.
- 특　　징 : 열매인 참외를 과일처럼 먹고, 어린 잎은 가축의 사료로 씁니다.

6~7월에 노란 꽃이 피며 꽃잎이 5장입니다.

속에는 씨가 많이 들어 있습니다.

자라면서 겉에 기다란 홈이 여러 개 생깁니다.

배추

잎줄기를 먹는 채소인 배추는 두해살이풀로 전국의 밭에 심어 가꿉니다. 씨앗을 뿌려 싹이 난 지 2~3개월 만에 잎이 겹치면서 속이 꽉 찹니다. 비타민과 섬유질이 많아 몸에 좋은 채소입니다. 김치를 담가 먹으며, 특히 가을에 김장을 담가서 겨우내 먹습니다.

- 분　류 : 양귀비목 십자화과(겨자과)
- 나는곳 : 밭에 심어 가꿉니다.
- 생김새 : 두해살이풀로 기다란 잎이 겹쳐 자랍니다.
- 　잎 : 뿌리 근처에서 잎이 돌려납니다. 잎은 두껍고 가장자리에 톱니가 있습니다.
- 　꽃 : 4개의 꽃잎이 +자 모양을 이루며 노란색으로 핍니다.
- 열　매 : 6월에 원기둥 모양으로 익습니다.
- 특　징 : 뿌리와 잎을 먹으며 약으로도 씁니다.

밭에 씨앗을 뿌리면 떡잎이 나고 본잎이 납니다.

잘 자란 배추로 김치를 담급니다.

어느 정도 자라면 잎을 묶어 속이 차게 해 줍니다.

노란 꽃잎이 +자 모양을
이루며 핍니다.

무

오래 전부터 가꾸어 온 무는 한해살이풀 또는 두해살이풀로 밭에 심어 가꿉니다. 여러 종류가 있으며 생김새와 가꾸는 시기가 다릅니다. 잎 사이에서 나온 꽃줄기가 높게 자라서 가지를 치고 가지 끝에 꽃이 핍니다. 꽃이 지고 나면 꼬투리로 된 열매가 열립니다. 고추, 배추와 함께 김치 재료로 중요하게 쓰입니다.

분　　류 : 양귀비목 십자화과
나 는 곳 : 전국의 밭에 심어 가꿉니다.
생 김 새 : 한해살이 또는 두해살이풀입니다. 뿌리는 원기둥 모양이며 뿌리의 위쪽 초록색 부분을 줄기로 보기도 합니다.
잎 : 잎은 타원 모양의 작은 잎이 달려 있는 깃꼴겹잎입니다.
꽃 : 4~5월에 연한 자주색 또는 흰색으로 핍니다.
열　　매 : 꼬투리진 열매로 6~7월에 익습니다. 열매가 다 익어도 꼬투리는 터지지 않습니다.
특　　징 : 꽃줄기가 올라오기 전에 뿌리와 잎을 먹습니다.

뿌리는 자라면 땅 위로 올라옵니다.

초록빛 풋고추는 햇빛을 받아 가며 빨갛게 익습니다.

하얀 꽃잎이 5갈래로 갈라지며 아래를 향해 핍니다.

고추

- 분　류 : 통화식물목 가지과
- 나는곳 : 전국의 밭에 심어 가꿉니다.
- 생김새 : 한해살이풀로 곧게 자란 줄기에 가지가 많이 뻗습니다.
- 잎 : 잎은 피침 모양으로 어긋납니다.
- 꽃 : 7~8월에 하얀색 꽃이 아래를 향해 계속 핍니다.
- 열매 : 8~10월에 원뿔 모양의 열매가 붉게 익습니다.
- 특　징 : 잎과 열매를 먹고, 약의 재료로 쓰기도 합니다.

무, 배추와 함께 3대 채소로 꼽히는 고추는 한해살이 풀로 전국의 밭에 심어 가꿉니다. 하얀 꽃이 잎겨드랑이에 1송이씩 늘어지듯이 달리며, 꽃이 지면 열매인 고추가 달립니다. 다 익기 전의 풋고추를 날로 먹거나 반찬을 만들어 먹고, 빨갛게 익은 고추를 말려서 양념으로 씁니다.

오이

분　류 :	박목 박과
나는곳 :	햇볕이 잘 들고 바람이 잘 통하는 곳에서 잘 자랍니다. 밭에 심어 가꿉니다.
생김새 :	한해살이 덩굴풀입니다. 줄기의 잎겨드랑이에서 덩굴손이 나와 다른 물체를 감으면서 자랍니다.
잎 :	손바닥 모양으로 어긋나고, 가장자리에 톱니가 있습니다.
꽃 :	5~6월에 노란 꽃이 피며, 꽃잎이 주름집니다.
열매 :	7~8월에 기다란 모양의 열매가 익습니다.
특　징 :	다 익기 전의 열매를 먹습니다.

겉이 꺼끌거끌하고 기다란 열매가 달리는 오이는 한해살이 덩굴풀로 전국의 밭에 심어 가꿉니다. 까끌까끌한 털이 나 있는 줄기에서 덩굴손이 나와 다른 물체를 감으면서 자랍니다. 열매인 오이는 가시 같은 돌기가 있으며 다 익으면 누렇게 변합니다.

덩굴손으로 다른 물체를 감으며 자랍니다.

호박

- 분　　류: 박목 박과
- 나 는 곳: 전국의 밭이나 밭 둑 같은 곳에 심어 가꿉니다.
- 생 김 새: 한해살이 덩굴풀로 줄기의 잎겨드랑이에서 덩굴손이 나와 다른 물체를 감으면서 자랍니다.
- 잎: 심장꼴로 어긋나며, 가장자리에 톱니가 있습니다.
- 꽃: 6~10월에 노란 꽃이 피며, 암꽃은 아래 씨방에 어린 호박을 달고 있습니다.
- 열　　매: 8~10월에 열매가 누렇게 익습니다.
- 특　　징: 어린 잎과 열매를 먹고 씨앗을 말려 까서 먹기도 합니다.

둥그런 열매가 열리는 호박은 한해살이풀로 전국의 밭이나 밭 둑 또는 울밑에 심어 가꿉니다. 줄기의 잎겨드랑이에서 나온 덩굴손으로 다른 물체를 감으면서 자랍니다. 암꽃과 수꽃이 따로 피는데 암꽃의 아래에 있는 씨방이 자라서 호박이 됩니다. 호박은 대개 둥그런 모양이지만 품종에 따라 기다란 것도 있습니다.

호박 꽃

애호박

늙은 호박

마늘

음식을 만들 때, 양념으로 사용하는 마늘은 여러해살이풀로 전국의 밭이나 논에 심어 가꿉니다. 늦가을에 비늘줄기나 살눈을 심어 싹을 낸 후 겨울을 지내고 이듬해 봄에 자랍니다. 땅 속에 있는 비늘줄기에 양분을 저장하므로 잎겨드랑이에서 꽃줄기가 나오면 뽑아 주어 비늘줄기가 잘 자라게 해 줍니다.

- 분　　류 : 백합목 백합과
- 나 는 곳 : 전국의 논이나 밭에 심어 가꿉니다.
- 생 김 새 : 여러해살이풀로 땅 속에 있는 비늘줄기에서 잎이 나와 자랍니다.
- 잎 : 피침 모양이며, 아래쪽에는 여러 장이 겹쳐 잎집을 이룹니다.
- 꽃 : 잎겨드랑이에서 꽃줄기(마늘종)가 나와 7월에 꽃이 핍니다.
- 열　　매 : 8~9월에 열매가 익습니다.
- 특　　징 : 비늘줄기가 잘 자라게 하기 위해 꽃줄기를 뽑아 줍니다. 꽃줄기인 마늘종과 비늘줄기인 마늘을 먹습니다.

비늘줄기인 마늘을 양념으로 먹습니다.

양파

분　　류 : 백합목 백합과
나 는 곳 : 중부 이남의 밭에 심어 가꿉니다.
생 김 새 : 두해살이풀입니다. 땅 속에 있는 비늘줄기에서 잎이 나와 자랍니다.
　　잎 : 잎은 긴 원통 모양입니다.
　　꽃 : 9월에 꽃줄기 끝에 하얀색 꽃이 핍니다.
열　　매 : 10월에 열매가 익습니다.
특　　징 : 비늘줄기를 먹거나 약으로 씁니다.

땅속에 동글납작한 비늘줄기가 있는 양파는 두해살이풀로 중부 이남의 밭에 심어 가꿉니다. 가을에 씨앗을 뿌려 이듬해 5~6월에 잎이 쓰러질 때 거둡니다. 비늘줄기는 맛이 맵지만 익히면 부드러운 단맛이 납니다. 비타민, 칼슘 같은 영양소가 풍부해서 몸에 매우 이롭습니다.

비늘줄기의 겉에는 얇은 껍질이 있고 안쪽 비늘은 두껍고 층층이 겹쳐 있습니다.

희거나 자주색인 통꽃이
별 모양으로 갈라집니다.

땅속줄기 끝에 양분을 저장해서 동글동글하게 자라며 덩이줄기가 됩니다.

감자

땅 속의 덩이줄기를 먹는 감자는 여러해살이풀로 전국의 밭에 심어 가꿉니다. 씨앗을 뿌리지 않고 봄에 씨감자를 심어서 싹을 내어 기릅니다. 6월경에 덩이줄기인 감자와 같은 빛깔의 꽃이 핍니다. 꽃이 지면 토마토 비슷한 작은 열매가 열립니다. 덩이줄기인 감자를 먹습니다.

- 분　　류 : 통화식물목 가지과
- 나 는 곳 : 전국의 밭에 심어 가꿉니다.
- 생 김 새 : 여러해살이풀로 땅 속에 있는 줄기의 마디에서 땅속줄기가 나와 끝이 덩이지면서 감자가 자랍니다.
- 잎 : 작은 잎 5~6장으로 된 깃꼴겹잎이 어긋납니다.
- 꽃 : 6월경에 별 모양의 꽃이 핍니다. 품종에 따라 덩이줄기와 같은 빛깔의 꽃이 핍니다.
- 열　　매 : 7~8월에 토마토와 비슷한 열매가 익습니다.
- 특　　징 : 땅 속 덩이줄기를 먹습니다. 씨앗을 뿌리지 않고, 덩이줄기인 감자를 심어 싹을 냅니다.

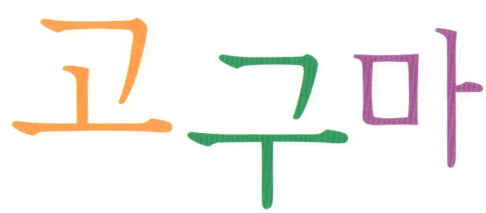

고구마

- 분 류: 통화식물목 메꽃과
- 나는곳: 전국의 밭에 심어 가꿉니다.
- 생김새: 여러해살이풀로 땅 속에 덩이뿌리가 자라며, 줄기는 땅 위를 기다가 땅에 닿는 부분에서 뿌리를 내립니다.
-    잎: 심장 모양으로 얇게 갈라진 잎이 어긋납니다.
-    꽃: 6~8월에 나팔 모양의 분홍색 꽃이 핍니다.
- 열 매: 거의 맺지 않습니다.
- 특 징: 잎자루는 나물로 먹으며, 덩이뿌리인 고구마를 주로 먹습니다.

달콤하고 맛있는 덩이뿌리를 먹는 고구마는 여러해살이풀로 전국의 밭에 심어 가꿉니다. 씨앗을 뿌리지 않고 덩이뿌리인 고구마를 심어서 싹을 낸 뒤 밭 이랑에 심어 기릅니다. 싹에서 자란 덩굴줄기가 땅 위를 기면서 땅에 닿는 곳에 뿌리를 내려 번식합니다.

도라지

덩이뿌리를 먹는 도라지는 여러해살이풀로 산과 들에서 저절로 자라며 밭에 심어 가꾸기도 합니다. 줄기는 곧게 자라고 줄기와 가지 끝에 꽃이 한 송이씩 핍니다. 바람을 불어 넣은 것 같은 꽃봉오리가 터지면서 꽃잎이 5갈래로 갈라집니다. 땅 속의 덩이뿌리는 살과 즙이 많고 오래 자랄수록 굵어집니다.

분　　류	초롱꽃목 초롱꽃과과
나 는 곳	산과 들에서 저절로 납니다. 밭에 심어 가꾸기도 합니다.
생 김 새	여러해살이풀로 높이 40~100cm 가량 곧게 자랍니다. 오래 자랄수록 덩이뿌리가 굵어집니다.
잎	긴 달걀 모양으로 어긋나고 가장자리에 톱니가 있습니다.
꽃	7~8월에 종 모양의 꽃이 줄기와 가지 끝에 1송이씩 달립니다. 꽃 빛깔은 보라색이나 하얀색입니다.
열　　매	9~10월에 열매가 달걀 모양으로 익습니다. 열매 속이 여러 칸으로 나뉘어 있습니다.
특　　징	줄기를 자르면 하얀 즙이 나옵니다. 덩이뿌리로 만들어 먹거나 약으로 씁니다.

도라지 뿌리

풍선 같은 꽃봉오리가 팍 하고 터지며 꽃이 핍니다.

하얀색 꽃이 피는 것을 백도라지라고 합니다.

밭에서 1년 자란 도라지입니다.

인삼

뿌리가 사람을 닮았다고 하는 인삼은 여러해살이풀로 깊은 산의 숲 속에서 저절로 자랍니다. 약효가 좋아서 인삼밭에 심어 가꾸기도 합니다. 밭에 씨앗을 뿌려 가꾼 후 4~6년쯤 지나면 뿌리를 캡니다. 밭에 심어 가꾸는 것을 '가삼', 산에서 자라는 것을 '산삼', 산에 씨앗을 뿌려 자라게 한 것을 '장뇌삼' 이라고 합니다.

분　　류	산형화목 두릅나무과
나 는 곳	깊은 산의 숲 속에서 저절로 나기도 하지만 인삼밭에 심어 가꿉니다. 기름지고 그늘진 곳에서 잘 자랍니다.
생 김 새	여러해살이풀로 높이 60cm 정도 자랍니다.
잎	작은 잎 5장이 돌려나기로 줄기 끝에 나는 겹잎입니다. 어릴 때는 3~4장이 한꺼번에 달립니다. 작은 잎은 긴 타원 모양이며 가장자리에 잔 톱니가 있습니다.
꽃	4월에 연한 초록빛 꽃이 잎 가운데에서 나온 꽃줄기 끝에 모여 달립니다.
열　　매	7~8월에 구슬 모양의 열매가 붉게 익습니다.
특　　징	뿌리가 사람과 비슷하다고 하여 인삼이라고 부릅니다. 뿌리를 약으로 씁니다.

말리지 않은 인삼을 수삼이라고 합니다.

햇볕을 싫어하므로 그늘막을 만들어 줍니다.

꽃이 진 자리에 열매가 달려서 빨갛게 익습니다.

인삼밭에서 4년 자랐습니다.

가지

기다란 주머니 같은 보랏빛 열매를 맺는 가지는 한해살이풀로 전국의 밭에 심어 가꿉니다. 봄에 모판에 씨앗을 뿌려 잎이 몇 장 난 모종을 밭에 심어 기릅니다. 연보라색 꽃이 6월부터 9월까지 계속 피면서 열매를 맺으므로 오랫동안 열매를 딸 수 있습니다.

분　　류 :	통화식물목 가지과
나는곳 :	전국의 밭에 심어 가꿉니다.
생김새 :	한해살이풀입니다. 줄기에 회색 털이 빽빽이 납니다.
잎 :	타원 모양의 잎이 어긋나며 잎자루가 깁니다.
꽃 :	6~9월에 마디 사이에서 꽃대가 나와 연보라색 꽃이 여러 송이 핍니다.
열　　매 :	7~9월에 열매가 검은 보라색으로 익습니다.
특　　징 :	열매를 나물로 먹거나 찜 등을 해 먹습니다.

가지꽃

가나다순 나무·채소 찾아보기

ㄱ
- 가지 …………………… 64
- 감나무 ………………… 25
- 감자 …………………… 58
- 개나리 ………………… 4
- 고구마 ………………… 59
- 고로쇠나무 …………… 37
- 고추 …………………… 53
- 귤나무 ………………… 31

ㄷ
- 단풍나무 ……………… 34
- 담쟁이덩굴 …………… 35
- 대나무 ………………… 41
- 대추나무 ……………… 29
- 도라지 ………………… 60
- 동백나무 ……………… 20
- 등나무 ………………… 13
- 딸기 …………………… 42

ㅁ
- 마늘 …………………… 56
- 매화나무 ……………… 8
- 목련 …………………… 9
- 무 ……………………… 52
- 무궁화 ………………… 18

ㅂ
- 밤나무 ………………… 30
- 배나무 ………………… 28
- 배추 …………………… 50
- 벚나무 ………………… 10
- 복숭아나무 …………… 22

ㅅ
- 사과나무 ……………… 26
- 사철나무 ……………… 39
- 산수유 ………………… 11
- 살구나무 ……………… 21
- 소나무 ………………… 38
- 수박 …………………… 46
- 수수꽃다리 …………… 12

ㅇ
- 양파 …………………… 57
- 오이 …………………… 54
- 은행나무 ……………… 32
- 인삼 …………………… 62

ㅈ
- 자두나무 ……………… 23
- 자목련 ………………… 9
- 장미 …………………… 16
- 조릿대 ………………… 41
- 진달래 ………………… 6
- 찔레꽃 ………………… 15

ㅊ
- 참나무 ………………… 36
- 참외 …………………… 48
- 측백나무 ……………… 40

ㅌ
- 토마토 ………………… 44

ㅍ
- 포도나무 ……………… 24

ㅎ
- 해당화 ………………… 14
- 호박 …………………… 55